화엄경 제17권 해설

화엄경 제17권에는 범행품(梵行品)과 초발심공덕품(初發心功德品) 등 두 품이 들어있다.

범행품에서는 정염천자가 법혜보살에게 물었다.
"몸과 마음, 언어를 어떻게 하여 관찰해야 합니까?(p.1)
"모든 지혜와 삼매, 선정, 해탈, 부처님 10력 등을 물어 배우고 대자비심을 일으켜 버리지 말아야 한다. 이것이 제법이 끊어지지 않게 하는 법이니 모든 행업을 하면서 과보를 바라지 말라. 모든 경계가 환상인줄 깨달으면 걸림없게 되리라." (pp.2~11)
하고 처비처(處非處) 등 10법을 실천하라 하였다.
이것이 범행품이다.

다음 초발심공덕품에서는 제석천왕의 물음을 따라 법혜보살이 답변하는데 "초발심공덕은 2승교의 억만배나 되기 때문에 산수비유로서는 다 말할 수 없다" 하였다. 왜냐하면 보리심만 발하면 해행(解行)·제중(濟衆)·국토청정·제불칭찬 등 수 많은 공덕이 이루워지기 때문이다. (pp.14~98)

그리고 다시 4구게송으로 122송이나 설하였다. 초발심공덕은 무량하여 헤아릴 수 없기 때문이다.

梵行品(범행품) 第十六(제십육)

爾時(이시) 正念天子(정념천자) 白法慧菩薩言(백법혜보살언) 佛子(불자) 一切世界諸菩薩衆(일체세계제보살중) 依如來敎(의여래교) 染衣出家(염의출가) 云何而得梵行淸淨(운하이득범행청정) 從菩薩位(종보살위) 逮於無上菩提之道(체어무상보리지도)

法慧菩薩言(법혜보살언) 佛子(불자) 菩薩摩(보살마)

訶薩修梵行時應以十法而
하살수범행시응이십법이

爲所緣作意觀察所謂身身
위소연작의관찰소위신신

業語語業意意業佛法僧戒
업어어업의의업불법승계

應如是觀爲身是梵行耶乃
응여시관위신시범행야내

至戒是梵行耶若身是梵行
지계시범행야약신시범행

者當知梵行則爲非善則爲
자당지범행즉위비선즉위

非法則爲渾濁則爲臭惡則
비법즉위혼탁즉위취악즉

爲(위)不(부)淨(정)則(즉)爲(위)可(가)厭(염)則(즉)爲(위)違(위)逆(역)

則(즉)爲(위)雜(잡)染(염)則(즉)爲(위)死(사)屍(시)則(즉)爲(위)蟲(충)

聚(취)若(약)身(신)業(업)是(시)梵(범)行(행)者(자)梵(범)行(행)則(즉)

是(시)行(행)住(주)坐(좌)臥(와)左(좌)右(우)顧(고)視(시)屈(굴)申(신)

俯(부)仰(앙)若(약)語(어)是(시)梵(범)行(행)者(자)梵(범)行(행)則(즉)

是(시)音(음)聲(성)風(풍)息(식)胸(흉)舌(설)喉(후)吻(문)吐(토)納(납)

抑(억)縱(종)高(고)低(저)清(청)濁(탁)若(약)語(어)業(업)是(시)梵(범)

惟 유	別 별	是 시		安 안	說 설	行 행
是 시	是 시	覺 각	若 약	立 립	廣 광	者 자
種 종	憶 억	是 시	意 의	說 설	說 설	梵 범
種 종	念 념	觀 관	是 시	隨 수	喩 유	行 행
思 사	是 시	是 시	梵 범	俗 속	說 설	則 즉
惟 유	種 종	分 분	行 행	說 설	直 직	是 시
是 시	種 종	別 별	者 자	顯 현	說 설	起 기
幻 환	憶 억	是 시	梵 범	了 료	讚 찬	居 거
術 술	念 념	種 종	行 행	說 설	說 설	問 문
是 시	是 시	種 종	則 즉		毁 훼	訊 신
眠 면	思 사	分 분	應 응		說 설	略 략

好 호	佛 불	耶 야		憂 우	行 행	夢 몽
是 시	耶 야	受 수	若 약	喜 희	則 즉	若 약
佛 불	識 식	是 시	佛 불		是 시	意 의
耶 야	是 시	佛 불	是 시		思 사	業 업
神 신	佛 불	耶 야	梵 범		想 상	是 시
通 통	耶 야	想 상	行 행		寒 한	梵 범
是 시	爲 위	是 시	者 자		熱 열	行 행
佛 불	相 상	佛 불	爲 위		飢 기	者 자
耶 야	是 시	耶 야	色 색		渴 갈	當 당
業 업	佛 불	行 행	是 시		苦 고	知 지
行 행	耶 야	是 시	佛 불		樂 락	梵 범

是佛耶果報是佛耶

若法是梵行者爲寂滅是

法耶涅槃是法耶不生是法

耶不起是法耶不可說是法

耶無分別是法耶無所行是

法耶不合集是法耶不隨順

是法耶無所得是法耶

僧 승	是 시	阿 아	還 환	向 향	是 시	
耶 야	僧 승	羅 라	向 향	是 시	僧 승	若 약
	耶 야	漢 한	是 시	僧 승	耶 야	僧 승
	三 삼	向 향	僧 승	耶 야	預 예	是 시
	明 명	是 시	耶 야	一 일	流 류	梵 범
	是 시	僧 승	不 불	來 래	果 과	行 행
	僧 승	耶 야	還 환	果 과	是 시	者 자
	耶 야	阿 아	果 과	是 시	僧 승	爲 위
	六 육	羅 라	是 시	僧 승	耶 야	預 예
	通 통	漢 한	僧 승	耶 야	一 일	流 류
	是 시	果 과	耶 야	不 불	來 래	向 향

若戒是梵行者爲壇場是 (약계시범행자위단장시)
戒耶問淸淨是戒耶敎威儀 (계야문청정시계야교위의)
是戒耶三說羯磨是戒耶和 (시계야삼설갈마시계야화)
尙是戒耶阿闍梨是戒耶剃 (상시계야아사리시계야체)
髮是戒耶著袈裟衣是戒耶 (발시계야착가사의시계야)
乞食是戒耶正命是戒耶 (걸식시계야정명시계야)
如是觀已於身無所取於 (여시관이어신무소취어)

修無所著於法無所住過去
수무소착어법무소주과거

已滅未來未至現在空寂無
이멸미래미지현재공적무

作業者無受報者此世不移
작업자무수보자차세불이

動彼世不改變此中何法名
동피세불개변차중하법명

爲梵行梵行從何處來誰之
위범행범행종하처래수지

所有體爲是誰由誰而作爲
소유체위시수유수이작위

是有爲是無爲是色爲非色
시유위시무위시색위비색

爲是受爲非受爲是想爲非
위시수위비수위시상위비

想爲是行爲非行爲是識爲
상위시행위비행위시식위

非識
비식

如是觀察梵行法不可得
여시관찰범행법불가득

故三世法皆空寂故意無取
고삼세법개공적고의무취

著故心無障礙故所行無二
착고심무장애고소행무이

故方便自在故受無相法故
고방편자재고수무상법고

觀無相法故知佛法平等故
具一切佛法故如是名爲淸
淨梵行
復應修習十種法何者爲
十所謂處非處智過現未來
業報智諸禪解脫三昧智諸
根勝劣智種種解智種種界

有 유	衆 중		力 역	於 어	智 지	智 지
休 휴	生 생	聞 문	中 중	如 여	宿 숙	一 일
息 식	而 이	已 이	有 유	來 래	命 명	切 체
行 행	不 불	應 응	無 무	十 십	無 무	至 지
無 무	捨 사	起 기	量 량	力 력	礙 애	處 처
上 상	離 리	大 대	義 의	一 일	智 지	道 도
業 업	思 사	慈 자	悉 실	一 일	永 영	智 지
不 불	惟 유	悲 비	應 응	觀 관	斷 단	天 천
求 구	諸 제	心 심	諮 자	察 찰	習 습	眼 안
果 과	法 법	觀 관	問 문	一 일	氣 기	無 무
報 보	無 무	察 찰		一 일	智 지	礙 애

了知境界如幻如夢如影如
료지경계여환여몽여영여

響亦如變化若諸菩薩能與
향역여변화약제보살능여

如是觀行相應於諸法中不
여시관행상응어제법중불

生二解一切佛法疾得現前
생이해일체불법질득현전

初發心時卽得阿耨多羅三
초발심시즉득아뇩다라삼

藐三菩提知一切法卽心自
약삼보리지일체법즉심자

性成就慧身不由他悟
성성취혜신불유타오

初發心功德品 第十七
초발심공덕품 제십칠

爾時天帝釋白法慧菩薩
이시천제석백법혜보살

言佛子菩薩初發菩提之心
언불자보살초발보리지심

所得功德其量幾何
소득공덕기량기하

法慧菩薩言此義甚深難
법혜보살언차의심심난

說難知難分別難信解難證
설난지난분별난신해난증

難行難通達難思惟難度量
난행난통달난사유난도량

難趣入雖然我當承佛威神
난취입수연아당승불위신

之力而爲汝說
지력이위여설

佛子假使有人以一切樂
불자가사유인이일체악

具供養東方阿僧祇世界所
구공양동방아승기세계소

有衆生經於一劫然後教令
유중생경어일겁연후교령

淨持五戒南西北方四維上
정지오계남서북방사유상

下亦復如是佛子於汝意云
하역부여시불자어여의운

何 此 人 功 德 寧 爲 多 不
하 차 인 공 덕 녕 위 다 불

天 帝 言 佛 子 此 人 功 德 唯
천 제 언 불 자 차 인 공 덕 유

佛 能 知 其 餘 一 切 無 能 量 者
불 능 지 기 여 일 체 무 능 량 자

法 慧 菩 薩 言 佛 子 此 人 功 德
법 혜 보 살 언 불 자 차 인 공 덕

比 菩 薩 初 發 心 功 德 百 分 不
비 보 살 초 발 심 공 덕 백 분 불

及 一 千 分 不 及 一 百 千 分 不
급 일 천 분 불 급 일 백 천 분 불

及 一 如 是 億 分 百 億 分 千 億
급 일 여 시 억 분 백 억 분 천 억

分百千億分那由他億分百
분 백 천 억 분 나 유 타 억 분 백

那由他億分千那由他億分
나 유 타 억 분 천 나 유 타 억 분

百千那由他億分數分歌羅
백 천 나 유 타 억 분 수 분 가 라

分算分喻分優波尼沙陀分
분 산 분 유 분 우 바 니 사 타 분

亦不及一
역 불 급 일

佛子且置此喻假使有人
불 자 차 치 차 유 가 사 유 인

以一切樂具供養十方十阿
이 일 체 락 구 공 양 시 방 십 아

經 경	經 경	心 심		供 공	劫 겁	僧 승
於 어	於 어	經 경	經 경	養 양	然 연	祇 기
千 천	百 백	於 어	於 어	經 경	後 후	世 세
億 억	億 억	億 억	百 백	於 어	教 교	界 계
劫 겁	劫 겁	劫 겁	千 천	千 천	令 령	所 소
教 교	教 교	教 교	劫 겁	劫 겁	修 수	有 유
住 주	住 주	住 주	教 교	教 교	十 십	衆 중
斯 사	須 수	四 사	住 주	住 주	善 선	生 생
陀 다	陀 다	無 무	四 사	四 사	道 도	經 경
含 함	洹 원	色 색	無 무	禪 선	如 여	於 어
果 과	果 과	定 정	量 량		是 시	百 백

經경 於어 百백 千천 億억 劫겁 敎교 住주 阿아 那나 含함

果과 經경 於어 那나 由유 他타 億억 劫겁 敎교 住주 阿아

羅라 漢한 果과 經경 於어 百백 千천 那나 由유 他타 億억

劫겁 敎교 住주 辟벽 支지 佛불 道도 佛불 子자 於어 意의

云운 何하 是시 人인 功공 德덕 寧영 爲위 多다 不불

天천 帝제 言언 佛불 子자 此차 人인 功공 德덕 唯유

佛불 能능 知지 法법 慧혜 菩보 薩살 言언 佛불 子자 此차

사경의 공덕은 십만억 부처님께 공양한 것과 같은 공덕이 있습니다.

僧 승	以 이	一 일	陀 타	千 천	百 백	人 인
祇 기	一 일	切 체	分 분	分 분	分 분	功 공
世 세	切 체	諸 제	亦 역	不 불	不 불	德 덕
界 계	樂 락	佛 불	不 불	及 급	及 급	比 비
所 소	具 구	初 초	及 급	一 일	一 일	菩 보
有 유	供 공	發 발	一 일	乃 내	千 천	薩 살
衆 중	養 양	心 심	何 하	至 지	分 분	初 초
生 생	十 시	時 시	以 이	優 우	不 불	發 발
經 경	方 방	不 부	故 고	波 바	及 급	心 심
於 어	十 십	但 단	佛 불	尼 니	一 일	功 공
百 백	阿 아	爲 위	子 자	沙 사	百 백	德 덕

사경의 공덕은 십만억 부처님께 공양한 것과 같은 공덕이 있습니다.

劫乃至百千那由他億劫故
發菩提心不但爲敎爾所衆
生令修五戒十善業道
敎住四禪四無量心四無
色定敎得須陀洹果斯陀含
果阿那含果阿羅漢果辟支
佛道故發菩提心爲令如來

種性不斷故爲充偏一切世
종성부단고위충변일체세

界故爲度脫一切世界衆生
계고위도탈일체세계중생

故爲悉知一切世界成壞故
고위실지일체세계성괴고

爲悉知一切世中衆生垢
위실지일체세중중생구

淨故爲悉知一切世界自性
정고위실지일체세계자성

清淨爲悉知一切衆生心
청정위실지일체중생심

樂煩惱習氣故爲悉知一切
락번뇌습기고위실지일체

衆生死此生彼故爲悉知一
중생사차생피고위실지일

切衆生諸根方便故爲悉知
체중생제근방편고위실지

一切衆生心行故爲悉知一
일체중생심행고위실지일

切衆生三世智故爲悉知一
체중생삼세지고위실지일

切佛境界平等故發於無上
체불경계평등고발어무상

菩提之心
보리지심

佛子復置此喩假使有人
불자부치차유가사유인

於一念念頃能過東方阿僧祇
어일념념경능과동방아승기

世界念念如是盡阿僧祇劫
세계념념여시진아승기겁

此諸世界無有能得知其邊
차제세계무유능득지기변

際又第二人於一念頃能過
제우제이인어일념경능과

前人阿僧祇劫所過世界如
전인아승기겁소과세계여

是亦盡阿僧祇劫次第展轉
시역진아승기겁차제전전

乃至第十南西北方四維上
내지제십남서북방사유상

下亦復如是
하 역 부 여 시

佛子此十方中凡有百人
불 자 차 시 방 중 범 유 백 인

一一如是過諸世界是諸世
일 일 여 시 과 제 세 계 시 제 세

界可知邊際菩薩初發阿耨
계 가 지 변 제 보 살 초 발 아 뇩

多羅三藐三菩提心所有善
다 라 삼 먁 삼 보 리 심 소 유 선

根無有能得知其際者何以
근 무 유 능 득 지 기 제 자 하 이

故佛子菩薩不齊限但爲往
고 불 자 보 살 부 제 한 단 위 왕

大 대	界 계	界 계	是 시	提 리	心 심	爾 이
世 세	卽 즉	仰 앙	麤 추	心 심	爲 위	所 소
界 계	是 시	世 세	世 세	所 소	了 료	世 세
大 대	仰 앙	界 계	界 계	謂 위	知 지	界 계
世 세	世 세	卽 즉	麤 추	欲 욕	十 시	得 득
界 계	界 계	是 시	世 세	了 료	方 방	了 료
卽 즉	小 소	覆 부	界 계	知 지	世 세	知 지
是 시	世 세	世 세	卽 즉	妙 묘	界 계	故 고
小 소	界 계	界 계	是 시	世 세	故 고	發 발
世 세	卽 즉	覆 복	妙 묘	界 계	發 발	菩 보
界 계	是 시	世 세	世 세	卽 즉	菩 보	提 리

廣광 世세 界계 卽즉 是시 狹협 世세 界계 狹협 世세

界계 卽즉 是시 廣광 世세 界계 一일 世세 界계 卽즉 是시

不불 可가 說설 世세 界계 不불 可가 說설 世세 界계 卽즉

是시 一일 世세 界계 不불 可가 說설 世세 界계 入입 一일

世세 界계 一일 世세 界계 入입 不불 可가 說설 世세 界계

穢예 世세 界계 卽즉 是시 淨정 世세 界계 淨정 世세 界계

卽즉 是시 穢예 世세 界계

欲(욕)知(지)一(일)毛(모)端(단)中(중)一(일)切(체)世(세)界(계)
差(차)別(별)性(성)一(일)切(체)世(세)界(계)中(중)一(일)毛(모)端(단)
一(일)體(체)性(성)欲(욕)知(지)一(일)世(세)界(계)中(중)出(출)生(생)
一(일)切(체)世(세)界(계)欲(욕)知(지)一(일)切(체)世(세)界(계)無(무)
體(체)性(성)欲(욕)以(이)一(일)念(념)心(심)盡(진)知(지)一(일)切(체)
廣(광)大(대)世(세)界(계)而(이)無(무)障(장)礙(애)故(고)發(발)阿(아)
耨(녹)多(다)羅(라)三(삼)藐(먁)三(삼)菩(보)提(리)心(심)

佛불 子자 復부 置치 此차 喩유 假가 使사 有유 人인
於어 一일 念념 頃경 能능 知지 東동 方방 阿아 僧승 祇기
世세 界계 成성 壞괴 劫겁 數수 念념 念념 如여 是시 盡진
阿아 僧승 祇기 劫겁 此차 諸제 劫겁 數수 無무 有유 能능
得득 知지 其기 邊변 際제 有유 第제 二이 人인 於어 一일
念념 頃경 能능 知지 前전 人인 阿아 僧승 祇기 劫겁 所소
知지 劫겁 數수 如여 是시 廣광 說설 乃내 至지 第제 十십

南西北方四維上下亦復如
남서북방사유상하역부여

是佛子此十方阿僧祇世界
시불자차시방아승기세계

成壞劫數可知邊際
성괴겁수가지변제

菩薩初發阿耨多羅三藐
보살초발아뇩다라삼먁

三菩提心功德善根無有能
삼보리심공덕선근무유능

得知其際者何以故菩薩不
득지기제자하이고보살부

齊限但爲知爾所世界成壞
제한단위지이소세계성괴

사경의 공덕은 십만억 부처님께 공양한 것과 같은 공덕이 있습니다.

劫數故發阿耨多羅三藐三
겁수고발아녹다라삼약삼

菩提心爲悉知一切世界成
보리심위실지일체세계성

壞劫盡無餘故發阿耨多羅
괴겁진무여고발아녹다라

三藐三菩提心所謂知長劫
삼약삼보리심소위지장겁

與短劫平等短劫與長劫平
여단겁평등단겁여장겁평

等一劫與無數劫平等無數
등일겁여무수겁평등무수

劫與一劫平等
겁여일겁평등

사경의 공덕은 십만억 부처님께 공양한 것과 같은 공덕이 있습니다.

劫 겁	有 유	平 평	中 중	中 중	佛 불	
與 여	盡 진	等 등	有 유	有 유	劫 겁	有 유
有 유	劫 겁	無 무	一 일	不 불	與 여	佛 불
盡 진	與 여	量 량	佛 불	可 가	有 유	劫 겁
劫 겁	無 무	劫 겁	有 유	說 설	佛 불	與 여
平 평	盡 진	與 여	量 량	佛 불	劫 겁	無 무
等 등	劫 겁	有 유	劫 겁	不 불	平 평	佛 불
不 불	平 평	量 량	與 여	可 가	等 등	劫 겁
可 가	等 등	劫 겁	無 무	說 설	一 일	平 평
說 설	無 무	平 평	量 량	佛 불	佛 불	等 등
劫 겁	盡 진	等 등	劫 겁	劫 겁	劫 겁	無 무

與一念平等一念與不可說
여일념평등일념여불가설

劫平等一切劫入非劫非劫
겁평등체겁입비겁비겁

入一切劫
입일체겁

欲於一念中盡知前際後
욕어일념중진지전제후

際及現在一切世界成壞劫
제급현재일체세계성괴겁

故發阿耨多羅三藐三菩提
고발아뇩다라삼먁삼보리

心是名初發心大誓莊嚴了
심시명초발심대서장엄료

知一切劫神通智
지일체겁신통지

佛子復置此喩假使有人
불자부치차유가사유인

於一念頃能知東方阿僧祇
어일념경능지동방아승기

世界所有衆生種種差別解
세계소유중생종종차별해

念念如是盡阿僧祇劫有第
념념여시진아승기겁유제

二人於一念頃能知前人阿
이인어일념경능지전인아

僧祇劫所知衆生諸解差別
승기겁소지중생제해차별

사경의 공덕은 십만억 부처님께 공양한 것과 같은 공덕이 있습니다.

如是亦盡阿僧祇劫次第展
(여시역진아승기겁차제전)

轉乃至第十南西北方四維
(전내지제십남서북방사유)

上下亦復如是佛子此十方
(상하역부여시불자차시방)

衆生種種差別解可知邊際
(중생종종차별해가지변제)

菩薩初發阿耨多羅三藐
(보살초발아녹다라삼약)

三菩提心功德善根無有能
(삼보리심공덕선근무유능)

得知其際者何以故佛子菩
(득지기제자하이고불자보)

사경의 공덕은 십만억 부처님께 공양한 것과 같은 공덕이 있습니다.

生 생	知 지	多 다	衆 중	提 리	解 해	薩 살
解 해	一 일	羅 라	生 생	心 심	故 고	不 부
無 무	切 체	三 삼	種 종	爲 위	發 발	齊 제
數 수	差 차	藐 먁	種 종	盡 진	阿 아	限 한
衆 중	別 별	三 삼	差 차	知 지	耨 뇩	但 단
生 생	解 해	菩 보	別 별	一 일	多 다	爲 위
解 해	無 무	提 리	解 해	切 체	羅 라	知 지
平 평	邊 변	心 심	故 고	世 세	三 삼	爾 이
等 등	故 고	所 소	發 발	界 계	藐 먁	所 소
故 고	一 일	謂 위	阿 아	所 소	三 삼	衆 중
欲 욕	衆 중	欲 욕	耨 뇩	有 유	菩 보	生 생

사경의 공덕은 십만억 부처님께 공양한 것과 같은 공덕이 있습니다.

解 해	欲 욕	欲 욕	未 미	別 별	明 명	得 득
卽 즉	悉 실	悉 실	來 래	解 해	故 고	不 불
是 시	知 지	知 지	善 선	盡 진	欲 욕	可 가
一 일	一 일	相 상	不 불	無 무	悉 실	說 설
切 체	切 체	似 사	善 선	餘 여	知 지	差 차
解 해	解 해	解 해	種 종	故 고	衆 중	別 별
故 고	卽 즉	不 부	種 종	欲 욕	生 생	解 해
欲 욕	是 시	相 상	無 무	悉 실	海 해	方 방
得 득	一 일	似 사	量 량	知 지	各 각	便 편
如 여	解 해	解 해	解 해	過 과	各 각	智 지
來 래	一 일	故 고	故 고	現 현	差 차	光 광

解力故欲悉知有上解無上 해력고욕실지유상해무상
解有餘解無餘解等解不等 해유여해무여해등해부등
解差別故欲悉知有依解無 해차별고욕실지유의해무
依解共解不共解有邊解無 의해공해불공해유변해무
邊解差別解無差別解善解 변해차별해무차별해선해
不善解世間解出世間解差 불선해세간해출세간해차
別故欲於一切妙解大解無 별고욕어일체묘해대해무

量량 解해 正정 位위 解해 中중 得득 如여 來래 解해 脫탈

無무 障장 礙애 智지 故고 欲욕 以이 無무 量량 方방 便편

悉실 知지 十시 方방 一일 切체 衆중 生생 界계 一일 一일

衆중 生생 淨정 解해 染염 解해 廣광 解해 略락 解해 細세

解해 麤추 解해 盡진 無무 餘여 故고 欲욕 悉실 知지 深심

密밀 解해 方방 便편 解해 分분 別별 解해 自자 然연 解해

隨수 因인 所소 起기 解해 隨수 緣연 所소 起기 解해 一일

切(체)解(해)網(망)悉(실)無(무)餘(여)故(고)發(발)阿(아)耨(뇩)多(다)
羅(라)三(삼)藐(먁)三(삼)菩(보)提(리)心(심)
佛(불)子(자)復(부)置(치)此(차)喩(유)假(가)使(사)有(유)人(인)
於(어)一(일)念(념)頃(경)能(능)知(지)東(동)方(방)無(무)數(수)世(세)
界(계)一(일)切(체)衆(중)生(생)諸(제)根(근)差(차)別(별)念(념)念(념)
如(여)是(시)經(경)阿(아)僧(승)祇(기)劫(겁)有(유)第(제)二(이)人(인)
於(어)一(일)念(념)頃(경)能(능)知(지)前(전)人(인)阿(아)僧(승)祇(기)

劫念念所知諸根差別如是
겁 념 념 소 지 제 근 차 별 여 시

廣說乃至第十南西北方四
광 설 내 지 제 십 남 서 북 방 사

維上下亦復如是
유 상 하 역 부 여 시

佛子此十方世界所有衆
불 자 차 시 방 세 계 소 유 중

生諸根差別可知邊際菩薩
생 제 근 차 별 가 지 변 제 보 살

初發阿耨多羅三藐三菩提
초 발 아 녹 다 라 삼 막 삼 보 리

心功德善根無有能得知其
심 공 덕 선 근 무 유 능 득 지 기

際者何以故菩薩不齊限但
제자하이고보살부제한단

爲知爾所世界衆生根故發
위지이소세계중생근고발

阿耨多羅三藐三菩提心爲
아녹다라삼약삼보리심위

盡知一切世界中一切衆生
진지일체세계중일체중생

根種種差別廣說乃至欲盡
근종종차별광설내지욕진

知一切諸根網故發阿耨多
지일체제근망고발아녹다

羅三藐三菩提心
라삼약삼보리심

佛子復置此喩假使有人
불자부치차유가사유인

於一念頃能知東方無數世
어일념경능지동방무수세

界所有衆生種種欲樂念念
계소유중생종종욕락념념

如是盡阿僧祇劫次第廣說
여시진아승기겁차제광설

乃至第十南西北方四維上
내지제십남서북방사유상

下亦復如是此十方衆生所
하역부여시차시방중생소

有欲樂可知邊際菩薩初發
유욕락가지변제보살초발

阿耨多羅三藐三菩提心功 (아뇩다라삼먁삼보리심공)

德善根無有能得知其際者 (덕선근무유능득지기제자)

何以故佛子菩薩不齊限 (하이고불자보살부제한)

但爲知爾所衆生欲樂故發 (단위지이소중생욕락고발)

阿耨多羅三藐三菩提心爲 (아뇩다라삼먁삼보리심위)

盡知一切世界所有衆生種 (진지일체세계소유중생종)

種欲樂廣說乃至欲盡知一 (종욕락광설내지욕진지일)

사경의 공덕은 십만억 부처님께 공양한 것과 같은 공덕이 있습니다.

切欲樂網故發阿耨多羅三
체욕락망고발아뇩다라삼

藐三菩提心
먁삼보리심

佛子復置此喻假使有人
불자부치차유가사유인

於一念頃能知東方無數世
어일념경능지동방무수세

界所有衆生種種方便如是
계소유중생종종방편여시

廣說乃至第十南西北方四
광설내지제십남서북방사

維上下亦復如是此十方衆
유상하역부여시차시방중

사경의 공덕은 십만억 부처님께 공양한 것과 같은 공덕이 있습니다.

三 삼	種 종	限 한	際 제	心 심	初 초	生 생
菩 보	方 방	但 단	者 자	功 공	發 발	種 종
提 리	便 편	爲 위	何 하	德 덕	阿 아	種 종
心 심	故 고	知 지	以 이	善 선	耨 녹	方 방
爲 위	發 발	爾 이	故 고	根 근	多 다	便 편
盡 진	阿 아	所 소	佛 불	無 무	羅 라	可 가
知 지	耨 녹	世 세	子 자	有 유	三 삼	知 지
一 일	多 다	界 계	菩 보	能 능	藐 먁	邊 변
切 체	羅 라	衆 중	薩 살	得 득	三 삼	際 제
世 세	三 삼	生 생	不 부	知 지	菩 보	菩 보
界 계	藐 먁	種 종	齊 제	其 기	提 리	薩 살

사경의 공덕은 십만억 부처님께 공양한 것과 같은 공덕이 있습니다.

所有衆生種種方便廣說乃
소유중생종종방편광설내

至欲盡知一切方便網故發
지욕진지일체방편망고발

阿耨多羅三藐三菩提心
아뇩다라삼먁삼보리심

佛子復置此喩假使有人
불자부치차유가사유인

於一念頃能知東方無數世
어일념경능지동방무수세

界所有衆生種種差別心廣
계소유중생종종차별심광

說乃至此十方世界所有衆
설내지차시방세계소유중

爲 위	發 발	齊 제	其 기	提 리	薩 살	生 생
悉 실	阿 아	限 한	際 제	心 심	初 초	種 종
知 지	耨 녹	但 단	者 자	功 공	發 발	種 종
盡 진	多 다	爲 위	何 하	德 덕	阿 아	差 차
法 법	羅 라	知 지	以 이	善 선	耨 녹	別 별
界 계	三 삼	爾 이	故 고	根 근	多 다	心 심
虛 허	藐 먁	所 소	佛 불	無 무	羅 라	可 가
空 공	三 삼	衆 중	子 자	有 유	三 삼	知 지
界 계	菩 보	生 생	菩 보	能 능	藐 먁	邊 변
無 무	提 리	心 심	薩 살	得 득	三 삼	際 제
邊 변	心 심	故 고	不 부	知 지	菩 보	菩 보

衆生種種心乃至欲盡知一
중생종종심내지욕진지일

切心網故發阿耨多羅三藐
체심망고발아뇩다라삼먁

三菩提心
삼보리심

佛子復置此喩假使有人
불자부치차유가사유인

於一念頃能知東方無數世
어일념경능지동방무수세

界所有衆生種種差別業廣
계소유중생종종차별업광

說乃至此十方衆生種種差
설내지차시방중생종종차

生 생	菩 보	生 생	菩 보	邊 변	耨 녹	別 별
業 업	提 리	業 업	薩 살	際 제	多 다	業 업
乃 내	心 심	故 고	不 부	不 불	羅 라	可 가
至 지	欲 욕	發 발	齊 제	可 가	三 삼	知 지
欲 욕	悉 실	阿 아	限 한	得 득	藐 먁	邊 변
悉 실	知 지	耨 녹	但 단	知 지	三 삼	際 제
知 지	三 삼	多 다	爲 위	何 하	菩 보	菩 보
一 일	世 세	羅 라	知 지	以 이	提 리	薩 살
切 체	一 일	三 삼	爾 이	故 고	心 심	初 초
業 업	切 체	藐 먁	所 소	佛 불	善 선	發 발
網 망	衆 중	三 삼	衆 중	子 자	根 근	阿 아

사경의 공덕은 십만억 부처님께 공양한 것과 같은 공덕이 있습니다.

故發阿耨多羅三藐三菩提 (고발아녹다라삼약삼보리)

心 (심)

佛子復置此喩假使有人 (불자부치차유가사유인)

於一念頃能知東方無數世 (어일념경능지동방무수세)

界所有衆生種種煩惱念念 (계소유중생종종번뇌념념)

如是盡阿僧祇劫此諸煩惱 (여시진아승기겁차제번뇌)

種種差別無有能得知其邊 (종종차별무유능득지기변)

際(제) 有(유) 第(제) 二(이) 人(인) 於(어) 一(일) 念(념) 頃(경) 能(능) 知(지)
前(전) 人(인) 阿(아) 僧(승) 祇(기) 劫(겁) 所(소) 知(지) 衆(중) 生(생) 煩(번)
惱(뇌) 差(차) 別(별) 如(여) 是(시) 復(부) 盡(진) 阿(아) 僧(승) 祇(기) 劫(겁)
次(차) 第(제) 廣(광) 說(설) 乃(내) 至(지) 第(제) 十(십) 南(남) 西(서) 北(북)
方(방) 四(사) 維(유) 上(상) 下(하) 亦(역) 復(부) 如(여) 是(시) 佛(불) 子(자)
此(차) 十(시) 方(방) 衆(중) 生(생) 煩(번) 惱(뇌) 差(차) 別(별) 可(가) 知(지)
邊(변) 際(제)

菩薩初發阿耨多羅三藐
보살초발아뇩다라삼먁

三菩提心善根邊際不可得
삼보리심선근변제불가득

知何以故佛子菩薩不齊限
지하이고불자보살부제한

但爲知爾所世界衆生煩惱
단위지이소세계중생번뇌

故發阿耨多羅三藐三菩提
고발아뇩다라삼먁삼보리

心爲盡知一切世界所有衆
심위진지일체세계소유중

生煩惱差別故發阿耨多羅
생번뇌차별고발아뇩다라

三藐三菩提心所謂欲盡知 (삼먁삼보리심소위욕진지)
輕煩惱重煩惱眠煩惱起煩 (경번뇌중번뇌면번뇌기번)
惱一一衆生無量煩惱種種 (뇌일일중생무량번뇌종종)
差別種種覺觀淨治一切諸 (차별종종각관정치일체제)
雜染故欲盡知依無明煩惱 (잡염고욕진지의무명번뇌)
愛相應煩惱斷一切諸有趣 (애상응번뇌단일체제유취)
煩惱結故 (번뇌결고)

欲(욕)盡(진)知(지)貪(탐)分(분)煩(번)惱(뇌)瞋(진)分(분)煩(번)
惱(뇌)癡(치)分(분)煩(번)惱(뇌)等(등)分(분)煩(번)惱(뇌)斷(단)一(일)
切(체)煩(번)惱(뇌)根(근)本(본)故(고)欲(욕)悉(실)知(지)我(아)煩(번)
惱(뇌)我(아)所(소)煩(번)惱(뇌)我(아)慢(만)煩(번)惱(뇌)覺(각)悟(오)
一(일)切(체)煩(번)惱(뇌)盡(진)無(무)餘(여)故(고)欲(욕)悉(실)知(지)
從(종)顚(전)倒(도)分(분)別(별)生(생)根(근)本(본)煩(번)惱(뇌)隨(수)
煩(번)惱(뇌)因(인)身(신)見(견)生(생)六(육)十(십)二(이)見(견)調(조)

伏一切煩惱故欲悉知蓋煩
복일체번뇌고욕실지개번

惱障煩惱發大悲救護心斷
뇌장번뇌발대비구호심단

一切煩惱網令一切智性清
일체번뇌망령일체지성청

淨故發阿耨多羅三藐三菩
정고발아뇩다라삼먁삼보

提心
리심

佛子復置此喻假使有人
불자부치차유가사유인

於一念頃以諸種種上味飲
어일념경이제종종상미음

經 경	拜 배	世 세	供 공	種 종	伽 가	食 식
無 무	讚 찬	界 계	養 양	莊 장	藍 람	香 향
數 수	歎 탄	所 소	東 동	嚴 엄	上 상	華 화
劫 겁	曲 곡	有 유	方 방	師 사	妙 묘	衣 의
又 우	躬 궁	衆 중	無 무	子 자	宮 궁	服 복
勸 권	瞻 첨	生 생	數 수	之 지	殿 전	幢 당
彼 피	仰 앙	恭 공	諸 제	座 좌	寶 보	幡 번
衆 중	相 상	敬 경	佛 불	及 급	帳 장	傘 산
生 생	續 속	尊 존	及 급	衆 중	網 망	蓋 개
悉 실	不 부	重 중	無 무	妙 묘	幔 만	及 급
令 령	絶 절	禮 예	數 수	寶 보	種 종	僧 승

如是供養於佛至佛滅後各
여시공양어불지불멸후각

爲起塔其塔高廣
위기탑기탑고광

無數世界衆寶所成種種
무수세계중보소성종종

莊嚴一一塔中各有無數如
장엄일일탑중각유무수여

來形像光明徧照無數世界
래형상광명변조무수세계

經無數劫南西北方四維上
경무수겁남서북방사유상

下亦復如是佛子於汝意云
하역부여시불자어여의운

何(하) 此(차) 人(인) 功(공) 德(덕) 寧(녕) 爲(위) 多(다) 不(불)

天(천) 帝(제) 言(언) 是(시) 人(인) 功(공) 德(덕) 唯(유) 佛(불) 乃(내)

知(지) 餘(여) 無(무) 能(능) 測(측) 佛(불) 子(자) 此(차) 人(인) 功(공) 德(덕)

比(비) 菩(보) 薩(살) 初(초) 發(발) 心(심) 功(공) 德(덕) 百(백) 分(분) 不(불)

及(급) 一(일) 千(천) 分(분) 不(불) 及(급) 一(일) 百(백) 千(천) 分(분) 不(불)

及(급) 一(일) 乃(내) 至(지) 優(우) 波(바) 尼(니) 沙(사) 陀(타) 分(분) 亦(역)

不(불) 及(급) 一(일)

佛子復置此喩假使復有
第二人於一念中能作前人
及無數世界所有衆生無數
劫中供養之事念念如是以
無量種供養之具供養無量
諸佛如來及無量世界所有
衆生經無量劫其第三人乃

諸 제	養 양	不 불	可 가	如 여	中 중	至 지
佛 불	無 무	可 가	稱 칭	是 시	能 능	第 제
及 급	邊 변	說 설	不 불	以 이	作 작	十 십
爾 이	乃 내	不 불	可 가	無 무	前 전	人 인
許 허	至 지	可 가	思 사	邊 변	人 인	皆 개
世 세	不 불	說 설	不 불	無 무	所 소	亦 역
界 계	可 가	供 공	可 가	等 등	有 유	如 여
所 소	說 설	養 양	量 량	不 불	供 공	是 시
有 유	不 불	之 지	不 불	可 가	養 양	於 어
衆 중	可 가	具 구	可 가	數 수	念 념	一 일
生 생	說 설	供 공	說 설	不 불	念 념	念 념

經無邊乃至不可說不可說 (경무변내지불가설불가설)

劫至佛滅後各爲起塔其塔 (겁지불멸후각위기탑기탑)

高廣乃至住劫亦復如是 (고광내지주겁역부여시)

佛子此前功德比菩薩初 (불자차전공덕비보살초)

發心功德百分不及一千分 (발심공덕백분불급일천분)

不及一百千分不及一乃至 (불급일백천분불급일내지)

優波尼沙陀分亦不及一何 (우바니사타분역불급일하)

以故佛子菩薩摩訶薩不齊
이고불자보살마하살부제

限但爲供養爾所佛故發阿
한단위공양이소불고발아

耨多羅三藐三菩提心爲供
녹다라삼약삼보리심위공

養盡法界虛空界不可說不
양진법계허공계불가설불

可說十方無量去來現在所
가설시방무량거래현재소

有諸佛故發阿耨多羅三藐
유제불고발아녹다라삼약

三菩提心
삼보리심

사경의 공덕은 십만억 부처님께 공양한 것과 같은 공덕이 있습니다.

發是心已能知前際一切
발시심이능지전제일체

諸佛始成正覺及般涅槃能
제불시성정각급반열반능

信後際一切諸佛所有善根
신후제일체제불소유선근

能知現在一切諸佛所有智
능지현재일체제불소유지

慧彼諸佛所有功德此菩薩
혜피제불소유공덕차보살

能信能受能修能得能知能
능신능수능수능득능지능

證能成就與諸佛平等一
증능성취여제불평등일

사경의 공덕은 십만억 부처님께 공양한 것과 같은 공덕이 있습니다.

悉 실	知 지	一 일	切 체	一 일	切 체	性 성
知 지	一 일	切 체	世 세	切 체	如 여	何 하
一 일	切 체	世 세	界 계	世 세	來 래	以 이
切 체	衆 중	界 계	衆 중	界 계	種 종	故 고
世 세	生 생	成 성	生 생	故 고	性 성	此 차
界 계	垢 구	壞 괴	故 고	發 발	故 고	菩 보
三 삼	淨 정	故 고	發 발	心 심	發 발	薩 살
有 유	故 고	發 발	心 심	爲 위	心 심	爲 위
淸 청	發 발	心 심	爲 위	度 도	爲 위	不 부
淨 정	心 심	爲 위	悉 실	脫 탈	充 충	斷 단
故 고	爲 위	悉 실	知 지	一 일	徧 변	一 일

世 세	故 고	發 발	悉 실	切 체	煩 번	發 발
智 지	發 발	心 심	知 지	衆 중	惱 뇌	心 심
故 고	心 심	爲 위	一 일	生 생	習 습	爲 위
發 발	爲 위	悉 실	切 체	死 사	氣 기	悉 실
心 심	悉 실	知 지	衆 중	此 차	故 고	知 지
以 이	知 지	一 일	生 생	生 생	發 발	一 일
發 발	一 일	切 체	諸 제	彼 피	心 심	切 체
心 심	切 체	衆 중	根 근	故 고	爲 위	衆 중
故 고	衆 중	生 생	方 방	發 발	悉 실	生 생
常 상	生 생	心 심	便 편	心 심	知 지	心 심
爲 위	三 삼	行 행	故 고	爲 위	一 일	樂 락

三世一切諸佛之所憶念當 (삼세일체제불지소억념당)
得三世一切諸佛無上菩提 (득삼세일체제불무상보리)
卽爲三世一切諸佛與其妙 (즉위삼세일체제불여기묘)
法卽與三世一切諸佛體性 (법즉여삼세일체제불체성)
平等已修三世一切諸佛助 (평등이수삼세일체제불조)
道之法成就三世一切諸佛 (도지법성취삼세일체제불)
力無所畏莊嚴三世一切諸 (력무소외장엄삼세일체제)

佛不共佛法悉得法界一切
불불공불법실득법계일체

諸佛說法智慧何以故以是
제불설법지혜하이고이시

發心當得佛故
발심당득불고

應知此人即與三世諸佛
응지차인즉여삼세제불

同等即與三世諸佛如來境
동등즉여삼세제불여래경

界平等即與三世諸佛如來
계평등즉여삼세제불여래

功德平等得如來一身無量
공덕평등득여래일신무량

身究竟平等眞實智慧纔發
신구경평등진실지혜재발

心時卽爲十方一切諸佛所
심시즉위시방일체제불소

共稱歎卽能說法敎化調伏
공칭탄즉능설법교화조복

一切世界所有衆生卽能震
일체세계소유중생즉능진

動一切世界卽能光照一切
동일체세계즉능광조일체

世界卽能息滅一切世界諸
세계즉능식멸일체세계제

惡道苦卽能嚴淨一切國土
악도고즉능엄정일체국토

卽能於一切世界中示現成
즉능어일체세계중시현성

佛卽能令一切衆生皆得歡
불즉능령일체중생개득환

喜卽能入一切法界性卽能
희즉능입일체법계성즉능

持一切佛種性卽能得一切
지일체불종성즉능득일체

佛智慧光明
불지혜광명

此初發心菩薩不於三世
차초발심보살불어삼세

少有所得所謂若諸佛若諸
소유소득소위약제불약제

佛法若菩薩若菩薩法若獨
불법약보살약보살법약독

覺若獨覺法若聲聞若聲聞
각약독각법약성문약성문

法若世間若世間法若出世
법약세간약세간법약출세

間若出世間法若衆生若衆
간약출세간법약중생약중

生法唯求一切智於諸法界
생법유구일체지어제법계

心無所著
심무소착

爾時佛神力故十方各一
이시불신력고시방각일

사경의 공덕은 십만억 부처님께 공양한 것과 같은 공덕이 있습니다.

萬佛刹微塵數世界六種震
動所謂動徧動等徧動起徧
起等徧起涌徧涌等徧涌震
徧震等徧震吼徧吼等徧吼
擊徧擊等徧擊雨衆天華天
香天末香天華鬘天衣天寶
天莊嚴具作天妓樂放天光

사경의 공덕은 십만억 부처님께 공양한 것과 같은 공덕이 있습니다.

明及天音聲
是時十方各過十佛刹微
塵數世界外有萬佛刹微塵
數佛同名法慧各現其身在
法慧菩薩前作如是言善哉
善哉法慧汝於今者能說此
法我等十方各萬佛刹微塵

數수 佛불 亦역 說설 是시 法법 一일 切체 諸제 佛불 悉실
如여 是시 說설 汝여 說설 此차 法법 時시 有유 萬만 佛불
刹찰 微미 塵진 數수 菩보 薩살 發발 菩보 提리 心심 我아
等등 今금 者자 悉실 授수 其기 記기
於어 當당 來래 世세 過과 千천 不불 可가 說설 無무
邊변 劫겁 同동 一일 劫겁 中중 而이 得득 作작 佛불 出출
興흥 於어 世세 皆개 號호 清청 淨정 心심 如여 來래 所소

사경의 공덕은 십만억 부처님께 공양한 것과 같은 공덕이 있습니다.

千 천	衆 중	下 하	悉 실	來 래		住 주
億 억	生 생	須 수	得 득	世 세	我 아	世 세
那 나	聞 문	彌 미	聞 문	一 일	等 등	界 계
由 유	已 이	頂 정	如 여	切 체	悉 실	各 각
他 타	受 수	上 상	此 차	菩 보	當 당	各 각
無 무	化 화	說 설	娑 사	薩 살	護 호	差 차
數 수	如 여	如 여	婆 바	未 미	持 지	別 별
無 무	是 시	是 시	世 세	曾 증	此 차	
量 량	十 시	法 법	界 계	聞 문	法 법	
無 무	方 방	令 령	四 사	者 자	令 령	
邊 변	百 백	諸 제	天 천	皆 개	未 미	

無等不可數不可稱不可思
무등불가수불가칭불가사

不可量不可說盡法界虛空
불가량불가설진법계허공

界諸世界中亦說此法教化
계제세계중역설차법교화

衆生
중생

其說法者同名法慧悉以
기설법자동명법혜실이

佛神力故世尊本願力故爲
불신력고세존본원력고위

欲顯示佛法故爲以智光普
욕현시불법고위이지광보

照故爲欲開闡實義故爲令
證得法性故爲令衆會悉歡
喜故爲欲開示佛法因故爲
得一切佛平等故爲了法界
無有二故說如是法
爾時法慧菩薩普觀盡虛
空界十方國土一切衆會欲

觀 관	令 령	悉 실	故 고	法 법	諸 제	悉 실
察 찰	知 지	令 령	欲 욕	界 계	業 업	成 성
涅 열	三 삼	知 지	悉 실	故 고	果 과	就 취
槃 반	世 세	無 무	增 증	欲 욕	報 보	諸 제
界 계	法 법	量 량	長 장	悉 실	故 고	衆 중
故 고	平 평	衆 중	廣 광	拔 발	欲 욕	生 생
欲 욕	等 등	生 생	大 대	除 제	悉 실	故 고
增 증	故 고	根 근	信 신	雜 잡	開 개	欲 욕
長 장	欲 욕	故 고	解 해	染 염	顯 현	悉 실
自 자	悉 실	欲 욕	故 고	根 근	清 청	淨 정
清 청	令 령	悉 실	欲 욕	本 본	淨 정	治 치

淨(정)善(선)根(근)故(고)承(승)佛(불)威(위)力(력)卽(즉)說(설)頌(송)
言(언)

爲(위)利(리)世(세)間(간)發(발)大(대)心(심)
其(기)心(심)普(보)徧(변)於(어)十(시)方(방)
衆(중)生(생)國(국)土(토)三(삼)世(세)法(법)
佛(불)及(급)菩(보)薩(살)最(최)勝(승)海(해)
究(구)竟(경)虛(허)空(공)等(등)法(법)界(계)

所有一切諸世間 (소유일체제세간)
如諸佛法皆往詣 (여제불법개왕예)
如是發心無退轉 (여시발심무퇴전)
慈念衆生無暫捨 (자념중생무잠사)
離諸惱害普饒益 (이제뇌해보요익)
光明照世爲所歸 (광명조세위소귀)
十力護念難思議 (십력호념난사의)

十方國土悉趣入 (시방국토실취입)
一切色形皆示現 (일체색형개시현)
如佛福智廣無邊 (여불복지광무변)
隨順修因無所著 (수순수인무소착)
有剎仰住或傍覆 (유찰앙주혹방복)
麤妙廣大無量種 (추묘광대무량종)
菩薩一發最上心 (보살일발최상심)

悉能往詣皆無礙
실능왕예개무애

菩薩勝行不可說
보살승행불가설

皆勤修習無所住
개근수습무소주

見一切佛常欣樂
견일체불상흔락

普入於其深法海
보입어기심법해

哀愍五趣諸群生
애민오취제군생

令除垢穢普淸淨
영제구예보청정

사경의 공덕은 십만억 부처님께 공양한 것과 같은 공덕이 있습니다.

紹隆佛種不斷絕
소륭불종부단절

摧滅魔宮無有餘
최멸마궁무유여

已住如來平等性
이주여래평등성

善修微妙方便道
선수미묘방편도

於佛境界起信心
어불경계기신심

得佛灌頂心無著
득불관정심무착

兩足尊所念報恩
양족존소념보은

心如金剛不可沮 (심여금강불가저)
於佛所行能照了 (어불소행능조료)
自然修習菩提行 (자연수습보리행)
諸趣差別想無量 (제취차별상무량)
業果及心亦非一 (업과급심역비일)
乃至根性種種殊 (내지근성종종수)
一發大心悉明見 (일발대심실명견)

其心廣大等法界
기심광대등법계

無依無邊如虛空
무의무변여허공

趣向佛智無所取
취향불지무소취

諦了實際離分別
체료실제리분별

知衆生心無生想
지중생심무생상

了達諸法無法想
요달제법무법상

雖普分別無分別
수보분별무분별

億那由刹皆往詣 (억나유찰개왕예)
無量諸佛妙法藏 (무량제불묘법장)
隨順觀察悉能入 (수순관찰실능입)
衆生根行靡不知 (중생근행미부지)
到如是處如世尊 (도여시처여세존)
清淨大願恒相應 (청정대원항상응)
樂供如來不退轉 (낙공여래불퇴전)

人天見者無厭足
인천견자무염족

常爲諸佛所護念
상위제불소호념

其心淸淨無所依
기심청정무소의

雖觀深法而不取
수관심법이불취

如是思惟無量劫
여시사유무량겁

於三世中無所著
어삼세중무소착

其心堅固難制沮
기심견고난제저

趣(취)佛(불)菩(보)提(리)無(무)障(장)礙(애)
志(지)求(구)妙(묘)道(도)除(제)蒙(몽)惑(혹)
周(주)行(행)法(법)界(계)不(불)告(고)勞(로)
知(지)語(어)言(언)法(법)皆(개)寂(적)滅(멸)
但(단)入(입)眞(진)如(여)絶(절)異(이)解(해)
諸(제)佛(불)境(경)界(계)悉(실)順(순)觀(관)
達(달)於(어)三(삼)世(세)心(심)無(무)礙(애)

菩薩始發廣大心 (보살시발광대심)
卽能徧往十方剎 (즉능변왕시방찰)
法門無量不可說 (법문무량불가설)
智光普照皆明了 (지광보조개명료)
大悲廣度最無比 (대비광도최무비)
慈心普徧等虛空 (자심보변등허공)
而於衆生不分別 (이어중생불분별)

如是清淨遊於世
여시청정유어세

十方衆生悉慰安
시방중생실위안

一切所作皆眞實
일체소작개진실

恒以淨心不異語
항이정심불이어

常爲諸佛共加護
상위제불공가호

過去所有皆憶念
과거소유개억념

未來一切悉分別
미래일체실분별

十方世界普入中
시방세계보입중

爲度衆生令出離
위도중생령출리

菩薩具足妙智光
보살구족묘지광

善了因緣無有疑
선료인연무유의

一切迷惑皆除斷
일체미혹개제단

如是而遊於法界
여시이유어법계

魔王宮殿悉摧破
마왕궁전실최파

衆生翳膜咸除滅
離諸分別心不動
善了如來之境界
三世疑網悉已除
於如來所起淨信
以信得成不動智
智清淨故解眞實

爲令衆生得出離
위령중생득출리

盡於後際普饒益
진어후제보요익

長時勤苦心無厭
장시근고심무염

乃至地獄亦安受
내지지옥역안수

福智無量皆具足
복지무량개구족

衆生根欲悉了知
중생근욕실료지

及諸業行無不見
급제업행무불견

如其所樂爲說法 (여기소락위설법)
了知一切空無我 (요지일체공무아)
慈念衆生恒不捨 (자념중생항불사)
以一大悲微妙音 (이일대비미묘음)
普入世間而演說 (보입세간이연설)
放大光明種種色 (방대광명종종색)
普照衆生除黑暗 (보조중생제흑암)

光中菩薩坐蓮華
광중보살좌연화

爲衆闡揚淸淨法
위중천양청정법

於一毛端現衆刹
어일모단현중찰

諸大菩薩皆充滿
제대보살개충만

衆會智慧各不同
중회지혜각부동

悉能明了衆生心
실능명료중생심

十方世界不可說
시방세계불가설

一念周行無不盡 (일념주행무부진)
利益衆生供養佛 (이익중생공양불)
於諸佛所問深義 (어제불소문심의)
於諸如來作父想 (어제여래작부상)
爲利衆生修覺行 (위리중생수각행)
智慧善巧通法藏 (지혜선교통법장)
入深智處無所著 (입심지처무소착)

사경의 공덕은 십만억 부처님께 공양한 것과 같은 공덕이 있습니다.

隨順思惟說法界 (수순사유설법계)

經無量劫不可盡 (경무량겁불가진)

智雖善入無處所 (지수선입무처소)

無有疲厭無所著 (무유피염무소착)

三世諸佛家中生 (삼세제불가중생)

證得如來妙法身 (증득여래묘법신)

普爲群生現衆色 (보위군생현중색)

사경의 공덕은 십만억 부처님께 공양한 것과 같은 공덕이 있습니다.

譬如幻師無不作
비여환사무부작

或現始修殊勝行
혹현시수수승행

或現初生及出家
혹현초생급출가

或現樹下成菩提
혹현수하성보리

或爲衆生示涅槃
혹위중생시열반

菩薩所住希有法
보살소주희유법

唯佛境界非二乘
유불경계비이승

身語意想皆已除 신어의상개이제
種種隨宜悉能現 종종수의실능현
菩薩所得諸佛法 보살소득제불법
衆生思惟發狂亂 중생사유발광란
智入實際心無礙 지입실제심무애
普現如來自在力 보현여래자재력
此於世間無與等 차어세간무여등

何況復增殊勝行 (하황복증수승행)

雖未具足一切智 (수미구족일체지)

已獲如來自在力 (이획여래자재력)

已住究竟一乘道 (이주구경일승도)

深入微妙最上法 (심입미묘최상법)

善知衆生時非時 (선지중생시비시)

爲利益故現神通 (위리익고현신통)

分身徧滿一切刹
분신변만일체찰

放淨光明除世暗
방정광명제세암

譬如龍王起大雲
비여룡왕기대운

普雨妙雨悉充洽
보우묘우실충흡

觀察衆生如幻夢
관찰중생여환몽

以業力故常流轉
이업력고상류전

大悲哀愍咸救拔
대비애민함구발

爲說無爲淨法性 (위설무위정법성)
佛力無量此亦然 (불력무량차역연)
譬如虛空無有邊 (비여허공무유변)
爲令衆生得解脫 (위령중생득해탈)
億劫勤修而不倦 (억겁근수이불권)
種種思惟妙功德 (종종사유묘공덕)
善修無上第一業 (선수무상제일업)

於諸勝行恒不捨 (어제승행항불사)
專念生成一切智 (전념생성일체지)
一身示現無量身 (일신시현무량신)
一切世界悉周徧 (일체세계실주변)
其心淸淨無分別 (기심청정무분별)
一念難思力如是 (일념난사력여시)
於諸世間不分別 (어제세간불분별)

於一切法無妄想 (어일체법무망상)

雖觀諸法而不取 (수관제법이불취)

恒救衆生無所度 (항구중생무소도)

一切世間唯是想 (일체세간유시상)

於中種種各差別 (어중종종각차별)

知想境界險且深 (지상경계험차심)

爲現神通而救脫 (위현신통이구탈)

譬如幻師自在力
비여환사자재력

菩薩神變亦如是
보살신변역여시

身偏法界及虚空
신변법계급허공

隨衆生心靡不見
수중생심미불견

能所分別二俱離
능소분별이구리

雜染清淨無所取
잡염청정무소취

若縛若解智悉忘
약박약해지실망

但願普與衆生樂 단원보여중생락
一切世間唯想力 일체세간유상력
以智而入心無畏 이지이입심무외
思惟諸法亦復然 사유제법역부연
三世推求不可得 삼세추구불가득
能入過去畢前際 능입과거필전제
能入未來畢後際 능입미래필후제

能入現在一切處
능입현재일체처

常勤觀察無所有
상근관찰무소유

隨順涅槃寂滅法
수순열반적멸법

住於無諍無所依
주어무쟁무소의

心如實際無與等
심여실제무여등

專向菩提永不退
전향보리영불퇴

修諸勝行無退怯
수제승행무퇴겁

安住菩提不動搖
안주보리부동요

佛及菩薩與世間
불급보살여세간

盡於法界皆明了
진어법계개명료

欲得最勝第一道
욕득최승제일도

爲一切智解脫王
위일체지해탈왕

應當速發菩提心
응당속발보리심

永盡諸漏利群生
영진제루리군생

趣向菩提心清淨 (취향보리심청정)

功德廣大不可說 (공덕광대불가설)

爲利衆生故稱述 (위리중생고칭술)

汝等諸賢應善聽 (여등제현응선청)

無量世界盡爲塵 (무량세계진위진)

一一塵中無量刹 (일일진중무량찰)

其中諸佛皆無量 (기중제불개무량)

悉能明見無所取 실능명견무소취

善知衆生無生想 선지중생무생상

善知言語無語想 선지언어무어상

於諸世界心無礙 어제세계심무애

悉善了知無所著 실선료지무소착

其心廣大如虛空 기심광대여허공

於三世事悉明達 어삼세사실명달

사경의 공덕은 십만억 부처님께 공양한 것과 같은 공덕이 있습니다.

一切疑惑皆除滅 (일체의혹개제멸)
正觀佛法無所取 (정관불법무소취)
十方無量諸國土 (시방무량제국토)
一念往詣心無著 (일념왕예심무착)
了達世間衆苦法 (요달세간중고법)
悉住無生眞實際 (실주무생진실제)
無量難思諸佛所 (무량난사제불소)

悉往彼會而覲謁
실왕피회이근알

常爲上首問如來
상위상수문여래

菩薩所修諸願行
보살소수제원행

心常憶念十方佛
심상억념시방불

而無所依無所取
이무소의무소취

恒勸衆生種善根
항권중생종선근

莊嚴國土令淸淨
장엄국토령청정

一切衆生三有處 (일체중생삼유처)
以無礙眼咸觀察 (이무애안함관찰)
所有習性諸根解 (소유습성제근해)
無量無邊悉明見 (무량무변실명견)
衆生心樂悉了知 (중생심락실료지)
如是隨宜爲說法 (여시수의위설법)
於諸染淨皆通達 (어제염정개통달)

令彼修治入於道 (영피수치입어도)
無量無數諸三昧 (무량무수제삼매)
菩薩一念皆能入 (보살일념개능입)
於中想智及所緣 (어중상지급소연)
悉善了知得自在 (실선료지득자재)
菩薩獲此廣大智 (보살획차광대지)
疾向菩提無所礙 (질향보리무소애)

爲欲利益諸群生
위욕리익제군생

處處宣揚大人法
처처선양대인법

善知世間長短劫
선지세간장단겁

一月半月及晝夜
일월반월급주야

國土各別性平等
국토각별성평등

常勤觀察不放逸
상근관찰불방일

普詣十方諸世界
보예시방제세계

而於方處無所取
이어방처무소취

嚴淨國土悉無餘
엄정국토실무여

亦不曾生淨分別
역부증생정분별

衆生是處若非處
중생시처약비처

及以諸業感報別
급이제업감보별

隨順思惟入佛力
수순사유입불력

於此一切悉了知
어차일체실료지

一切世間種種性
일체세간종종성

種種所行住三有
종종소행주삼유

利根及與中下根
이근급여중하근

如是一切咸觀察
여시일체함관찰

淨與不淨種種解
정여부정종종해

勝劣及中悉明見
승렬급중실명견

一切衆生至處行
일체중생지처행

三有相續皆能能說
禪定解脫諸三昧
染淨因起各不同
及以先世苦樂殊
淨修佛力咸能見
衆生業惑續諸趣
斷此諸趣得寂滅

種種漏法永不生
종종루법영불생

幷其習種悉了知
병기습종실료지

如來煩惱皆除盡
여래번뇌개제진

大智光明照於世
대지광명조어세

菩薩於佛十力中
보살어불십력중

雖未證得亦無疑
수미증득역무의

菩薩於一毛孔中
보살어일모공중

普現十方無量刹 (보현시방무량찰)
或有雜染或淸淨 (혹유잡염혹청정)
種種業作皆能了 (종종업작개능료)
一微塵中無量刹 (일미진중무량찰)
無量諸佛及佛子 (무량제불급불자)
諸刹各別無雜亂 (제찰각별무잡난)
如一一切悉明見 (여일일체실명견)

於一毛孔見十方
어일모공견시방

盡虛空界諸世間
진허공계제세간

無有一處空無佛
무유일처공무불

如是佛刹悉淸淨
여시불찰실청정

於毛孔中見佛刹
어모공중견불찰

復見一切諸衆生
복견일체제중생

三世六趣各不同
삼세육취각부동

사경의 공덕은 십만억 부처님께 공양한 것과 같은 공덕이 있습니다.

晝夜月時有縛解 (주야월시유박해)

如是大智諸菩薩 (여시대지제보살)

專心趣向法王位 (전심취향법왕위)

於佛所住順思惟 (어불소주순사유)

而獲無邊大歡喜 (이획무변대환희)

菩薩分身無量億 (보살분신무량억)

供養一切諸如來 (공양일체제여래)

사경의 공덕은 십만억 부처님께 공양한 것과 같은 공덕이 있습니다.

神通變現勝無比 (신통변현승무비)
佛所行處皆能住 (불소행처개능주)
無量佛所皆鑽仰 (무량불소개찬앙)
所有法藏悉耽味 (소유법장실탐미)
見佛聞法勤修行 (견불문법근수행)
如飮甘露心歡喜 (여음감로심환희)
已獲如來勝三昧 (이획여래승삼매)

사경의 공덕은 십만억 부처님께 공양한 것과 같은 공덕이 있습니다.

善入諸法智增長
선입제법지증장

信心不動如須彌
신심부동여수미

善作群生功德藏
선작군생공덕장

慈心廣大偏衆生
자심광대변중생

悉願疾成一切智
실원질성일체지

而恒無著無依處
이항무착무의처

離諸煩惱得自在
이제번뇌득자재

哀愍衆生廣大智 (애민중생광대지)
普攝一切同於己 (보섭일체동어기)
知空無相無眞實 (지공무상무진실)
而行其心不懈退 (이행기심불해퇴)
菩薩發心功德量 (보살발심공덕량)
億劫稱揚不可盡 (억겁칭양불가진)
以出一切諸如來 (이출일체제여래)

사경의 공덕은 십만억 부처님께 공양한 것과 같은 공덕이 있습니다.

獨覺聲聞安樂故
독각성문안락고

十方國土諸衆生
시방국토제중생

皆悉施安無量劫
개실시안무량겁

勸持五戒及十善
권지오계급십선

四禪四等諸定處
사선사등제정처

復於多劫施安樂
복어다겁시안락

令斷諸惑成羅漢
영단제혹성라한

사경의 공덕은 십만억 부처님께 공양한 것과 같은 공덕이 있습니다.

彼諸福聚雖無量
피제복취수무량

不與發心功德比
불여발심공덕비

又敎億衆成緣覺
우교억중성연각

獲無諍行微妙道
획무쟁행미묘도

以彼而校菩提心
이피이교보리심

算數譬喩無能及
산수비유무능급

一念能過塵數剎
일념능과진수찰

如是經於無量劫 (여시경어무량겁)
此諸刹數尚可量 (차제찰수상가량)
發心功德不可知 (발심공덕불가지)
過去未來及現在 (과거미래급현재)
所有劫數無邊量 (소유겁수무변량)
此諸劫數猶可知 (차제겁수유가지)
發心功德無能測 (발심공덕무능측)

以菩提心徧十方 (이보리심변시방)
所有分別靡不知 (소유분별미부지)
一念三世悉明達 (일념삼세실명달)
利益無量衆生故 (이익무량중생고)
十方世界諸衆生 (시방세계제중생)
欲解方便意所行 (욕해방편의소행)
及以虛空際可測 (급이허공제가측)

사경의 공덕은 십만억 부처님께 공양한 것과 같은 공덕이 있습니다.

發心功德難知量 (발심공덕난지량)
菩薩志願等十方 (보살지원등시방)
慈心普洽諸群生 (자심보흡제군생)
悉使修成佛功德 (실사수성불공덕)
是故其力無邊際 (시고기력무변제)
衆生欲解心所樂 (중생욕해심소락)
諸根方便行各別 (제근방편행각별)

사경의 공덕은 십만억 부처님께 공양한 것과 같은 공덕이 있습니다.

於一念中悉了知
어일념중실료지

一切智智心同等
일체지지심동등

一切衆生諸惑業
일체중생제혹업

三有相續無暫斷
삼유상속무잠단

此諸邊際尚可知
차제변제상가지

發心功德難思議
발심공덕난사의

發心能離業煩惱
발심능리업번뇌

供養一切諸如來
공양일체제여래

業惑既離相續斷
업혹기리상속단

普於三世得解脫
보어삼세득해탈

一念供養無邊佛
일념공양무변불

亦供無數諸衆生
역공무수제중생

悉以香華及妙鬘
실이향화급묘만

寶幢幡蓋上衣服
보당번개상의복

美(미)食(식)珍(진)座(좌)經(경)行(행)處(처)
種(종)種(종)宮(궁)殿(전)悉(실)嚴(엄)好(호)
毘(비)盧(로)遮(자)那(나)妙(묘)寶(보)珠(주)
如(여)意(의)摩(마)尼(니)發(발)光(광)耀(요)
念(염)念(념)如(여)是(시)持(지)供(공)養(양)
經(경)無(무)量(량)劫(겁)不(불)可(가)說(설)
其(기)人(인)福(복)聚(취)雖(수)復(부)多(다)

不及發心功德大
불급발심공덕대

所說種種衆譬喩
소설종종중비유

無有能及菩提心
무유능급보리심

以諸三世人中尊
이제삼세인중존

皆從發心而得生
개종발심이득생

發心無礙無齊限
발심무애무제한

欲求其量不可得
욕구기량불가득

一切智智誓必成
일체지지서필성

所有衆生皆永度
소유중생개영도

發心廣大等虛空
발심광대등허공

生諸功德同法界
생제공덕동법계

所行普徧如無異
소행보변여무이

永離衆著佛平等
영리중착불평등

一切法門無不入
일체법문무불입

사경의 공덕은 십만억 부처님께 공양한 것과 같은 공덕이 있습니다.

一切國土悉能往 (일체국토실능왕)
一切智境咸通達 (일체지경함통달)
一切功德皆成就 (일체공덕개성취)
一切能捨恒相續 (일체능사항상속)
淨諸戒品無所著 (정제계품무소착)
具足無上大功德 (구족무상대공덕)
常勤精進不退轉 (상근정진불퇴전)

入深禪定恒思惟
입심선정항사유

廣大智慧共相應
광대지혜공상응

此是菩薩最勝地
차시보살최승지

出生一切普賢道
출생일체보현도

三世一切諸如來
삼세일체제여래

靡不護念初發心
미불호념초발심

悉以三昧陀羅尼
실이삼매다라니

神通變化共莊嚴 (신통변화공장엄)
十方衆生無有量 (시방중생무유량)
世界虛空亦如是 (세계허공역여시)
發心無量過於彼 (발심무량과어피)
是故能生一切佛 (시고능생일체불)
菩提心是十力本 (보리심시십력본)
亦爲四辯無畏本 (역위사변무외본)

十八不共亦復然 십팔불공역부연
莫不皆從發心得 막불개종발심득
諸佛色相莊嚴身 제불색상장엄신
及以平等妙法身 급이평등묘법신
智慧無著所應供 지혜무착소응공
悉以發心而得有 실이발심이득유
一切獨覺聲聞乘 일체독각성문승

色界諸禪三昧樂
색계제선삼매락

及無色界諸三昧
급무색계제삼매

悉以發心作其本
실이발심작기본

一切人天自在樂
일체인천자재락

及以諸趣種種樂
급이제취종종락

進定根力等衆樂
진정근력등중락

靡不皆由初發心
미불개유초발심

以因發起廣大心
이인발기광대심

則能修行六種度
즉능수행육종도

勸諸衆生行正行
권제중생행정행

於三界中受安樂
어삼계중수안락

住佛無礙實義智
주불무애실의지

所有妙業咸開闡
소유묘업함개천

能令無量諸衆生
능령무량제중생

悉斷惑業向涅槃
실단혹업향열반

智慧光明如淨日
지혜광명여정일

衆行具足猶滿月
중행구족유만월

功德常盈譬巨海
공덕상영비거해

無垢無礙同虛空
무구무애동허공

普發無邊功德願
보발무변공덕원

悉與一切衆生樂
실여일체중생락

사경의 공덕은 십만억 부처님께 공양한 것과 같은 공덕이 있습니다.

盡未來際依願行
진미래제의원행

常勤修習度衆生
상근수습도중생

無量大願難思議
무량대원난사의

願令衆生悉清淨
원령중생실청정

空無相願無依處
공무상원무의처

以願力故皆明顯
이원력고개명현

了法自性如虛空
요법자성여허공

一切寂滅悉平等
일체적멸실평등

法門無數不可說
법문무수불가설

爲衆生說無所著
위중생설무소착

十方世界諸如來
시방세계제여래

悉共讚歎初發心
실공찬탄초발심

此身無量德所嚴
차신무량덕소엄

能到彼岸同於佛
능도피안동어불

如衆生數爾許劫
여중생수이허겁

說其功德不可盡
설기공덕불가진

以住如來廣大家
이주여래광대가

三界諸法無能喩
삼계제법무능유

欲知一切諸佛法
욕지일체제불법

宜應速發菩提心
의응속발보리심

此心功德中最勝
차심공덕중최승

必得如來無礙智 필득여래무애지
衆生心行可數知 중생심행가수지
國土微塵亦復然 국토미진역부연
虛空邊際乍可量 허공변제사가량
發心功德無能測 발심공덕무능측
出生三世一切佛 출생삼세일체불
成就世間一切樂 성취세간일체락

사경의 공덕은 십만억 부처님께 공양한 것과 같은 공덕이 있습니다.

增長一切勝功德
증장일체승공덕

永斷一切諸疑惑
영단일체제의혹

開示一切妙境界
개시일체묘경계

盡除一切諸障礙
진제일체제장애

成就一切清淨刹
성취일체청정찰

出生一切如來智
출생일체여래지

欲見十方一切佛
욕견시방일체불

사경의 공덕은 십만억 부처님께 공양한 것과 같은 공덕이 있습니다.

欲施無盡功德藏
욕시무진공덕장

欲滅衆生諸苦惱
욕멸중생제고뇌

宜應速發菩提心
의응속발보리심

發 願 文

귀의 삼보하옵고

거룩하신 부처님께 발원하옵나이다.

주　　소 : ______________________________

전　　화 : ______________ 불 명 : ______ 성 명 : ______

불기 25 ______ 년 ______ 월 ______ 일